ALLES, WAS SCHWIMMT

IM UND AUF UND UNTER DEM WASSER

GESCHRIEBEN VON ŠTĚPÁNKA SEKANINOVÁ
ILLUSTRIERT VON TOMÁŠ PERNICKÝ
ÜBERSETZT VON KIM LANDGRAF

ANACONDA

INHALT

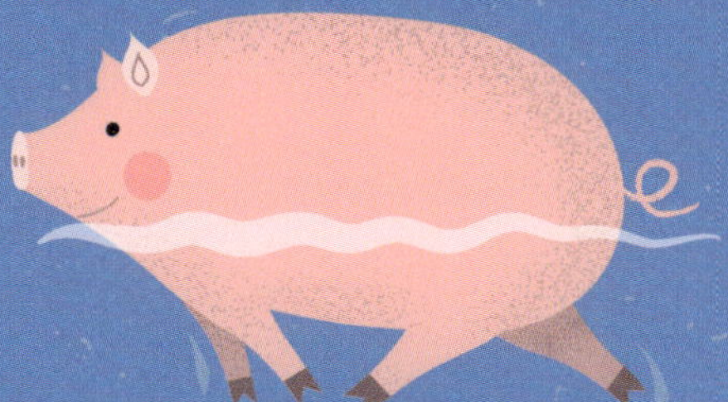

VÖGEL

← PAPAGEIENTAUCHER

Kurze, kräftige Flügel und Füße mit riesigen Schwimmhäuten – mehr braucht es nicht! Manchmal heißt der Papageientaucher auch »Puffin« und je nach Lust und Laune fliegt er durch die Luft oder schwimmt im Ozean herum.

ALBATROS

Dieser großartige Flieger gilt als Beherrscher der Lüfte. Aber wusstest du, dass er die ersten fünf Jahre nach dem Flüggewerden nie Festland betritt, sondern nur fliegt und schwimmt und sich von den Wellen sanft schaukeln lässt?

SCHWAN

An Land bewegt sich der Schwan etwas unbeholfen. Aber kein Tier schwimmt eleganter und gleitet sanfter dahin als diese schneeweiße Schönheit. Schwäne mögen ruhige Gewässer.

PINGUINE
Eselspinguine schreien vielleicht wie Esel, aber sie können schneller schwimmen als alle anderen Pinguine. Und wenn es sein muss, sind sie auch sehr ausdauernde Geher. Aber lieber mögen sie das Wasser und am meisten Spaß macht ihnen das Tauchen.
BLAUFUSSTÖLPEL
Blaue Füße kriegen diese Tölpel nicht vom kalten Wasser – sie sind von Natur aus so! Der Blaufußtölpel liebt das Meer und noch viel lieber mag er Fische. Er taucht auch gerne mal zehn Meter tief, um sie zu fangen.
PELIKAN
Ein Kehlsack ist toll, um Fische damit zu fangen, aber nur der Pelikan besitzt einen. Er schluckt den Fisch in einem Stück herunter, bevor er weiterschwimmt, um nach dem nächsten zu jagen.
MANDARINENTE
Die bunten männlichen Mandarinenten sind eine Zierde für alle Teiche und Seen. Zum Glück macht es den weiblichen Enten mit ihrem braunen Gefieder nichts aus, dass sie weniger Beachtung finden.
STRAUSS
Sogar die größten Vögel der Welt sind gute Schwimmer. Natürlich können sie viel besser rennen als schwimmen, aber wenn einer von ihnen mal ins Wasser fällt, weiß er, was zu tun ist, um wieder herauszukommen.

FLAMINGOS

Zwar waten diese pinken Schönheiten am liebsten durch flaches Wasser, aber schwimmen können sie auch! Die Erwachsenen bringen es den Jungvögeln in besonderen Schwimmkursen bei.

EISVOGEL

Achtung, er stürzt ab! Nein, der Eisvogel geht doch nur tauchen! Er stürzt sich kopfüber ins Wasser und fängt mit dem Schnabel seine Beute. Aber weil er unter Wasser nichts sehen kann, muss er es oft mehrmals probieren.

SÄUGETIERE

NEUFUNDLÄNDER

Das dicke Fell des Neufundländers ist wasserdicht und er hat kräftige Häute zwischen den Zehen, die manchmal für Schwimmhäute gehalten werden. Außerdem scheut er die Kälte nicht. Er ist ein leidenschaftlicher und guter Schwimmer.

HAUSKATZE

Wasser – bäh! Hauskatzen verabscheuen Wasser, aber wenn das Unglück eines unfreiwilligen Bades über sie kommt, schwimmen sie ums nackte Überleben, bis sie wieder an Land sind.

FAULTIER

In ruhigem, gleichmäßigem Tempo, niemals gehetzt, manchmal über sehr lange Strecken – das ist der berühmte Faultier-Schwimmstil. Und immer geht Ausdauer über Geschwindigkeit.

FLEDERMAUS
Auch wenn die Fledermaus ihre Flügel kaum öffnen muss, um traumhaft gut zu schwimmen, liebt sie das Wasser nicht besonders. Sie hat es nicht gerne, wenn ihr Fell nass wird. Brrr! Wasser ist kalt und unangenehm.
HAUSSCHWEIN
Im heißen Sommer, wenn es nirgendwo Schlamm gibt, hüpfen Schweine gerne ins Wasser, um sich abzukühlen. Das gibt ein Gespritze und Gequieke! Wir können die Hausschweine um ihr Bad nur beneiden.
SCHNABELTIER
Das sonderbare Schnabeltier hat Schwimmhäute zwischen den Zehen und einen großen Schwanz, um damit zu steuern. Rasch gleitet es ins Wasser, um sich einen schönen Fisch zu fangen.
EISBÄR
Kein Bär liebt das Wasser so sehr wie der Eisbär! Deshalb sollte er eigentlich Seebär heißen. Diese kleine Familie hat die letzten sieben Tage im Meer verbracht, um nach Robben zu jagen.
SEELÖWE
Seelöwen sind fantastische Schwimmer – kaum ein Fisch, den sie nicht fangen könnten. Erstaunlicherweise können sie nicht von Geburt an schwimmen. Junge Seelöwen müssen hart arbeiten, um diese Fertigkeiten zu erlangen, genau wie du.

IGEL
Diese kleinen, stacheligen Kreaturen sind hervorragende Schwimmer! Sie lieben das Wasser und haben immer Spaß beim Baden. Wenn sie sich beim Schwimmen entspannen wollen, drehen sie sich auf den Rücken und paddeln andersherum.
PFERD
Rennt es oder schwimmt es? Eigentlich trabt das Pferd im Wasser. Der Kopf bleibt oben und die Beine paddeln mal schnell und mal langsam. Es sieht elegant aus. Aber für weite Strecken eignet sich dieser Schwimmstil nicht.

HAMSTER
Brr! Wasser ist kalt und nass. Hier nimmt ein Hamsterpärchen den kürzesten Weg von einem Ufer zum anderen. Aber Spaß macht ihnen das gar nicht, Wasser kann sogar gefährlich für sie werden.

MAKAKEN
Ich hab meine Banane fallen lassen! Warte, ich hol sie! Und nach einem kühnen Tauchgang hat der Makak die süße Frucht zurück. Auch Makaken müssen lernen, wie man schwimmt und taucht. Aber wenn sie es erstmal raushaben, sind sie fantastische Schwimmer
KÖNIGSTIGER
Der Tiger ist zwar auch eine Katze, aber er liebt das Wasser! Seine Bewegungen sind schnell und wendig und sogar im Wasser bleibt er ein gefürchteter Jäger. Ein Krokodil zu erlegen ist für ihn überhaupt kein Problem.
DROMEDAR
Dromedare nutzen jede Gelegenheit für ein erfrischendes Bad. Sie lieben baden und schwimmen. Ist ja auch kein Wunder, denn in der Wüste ist es fürchterlich heiß und trocken.

ELEFANT

Elefanten fühlen sich im Wasser wie zu Hause, weil es ihnen Auftrieb gibt. Ihre breiten Füße benutzen sie wie Schwimmflossen und ihr Rüssel ist der weltbeste Schnorchel! Elefanten haben so viel Ausdauer, dass sie den ganzen Tag schwimmen können.

BRAUNBÄR

Wenn ich in der Ferne einen Fisch sehe, muss ich mich beeilen, damit ich ihn noch kriege. Mission »Voller Bauch«! Bären sind geschickte, ausdauernde Schwimmer. Keine gute Nachricht für die Fische.

CHIHUAHUA

Obwohl alle Hunde von Geburt an schwimmen können, kann der süße kleine Chihuahua Wasser überhaupt nicht leiden. Viel lieber spielt er lustige Spiele am Strand.

NILPFERD

Du denkst, dass Nilpferde tollpatschige Dickerchen sind? Na, dann fordere sie doch mal zu einem Schwimmwettkampf heraus und du wirst schon sehen, wohin das führt! Nilpferde können richtig schnell schwimmen und gut tauchen.

LÖWE

Ich mache das nur, weil ich muss, nicht weil ich es mag, denkt der König der Tiere und schwimmt graziös an uns vorbei. Er ist ein guter Schwimmer, aber wie jede richtige Katze klettert er lieber auf Bäume.

INSEKTEN

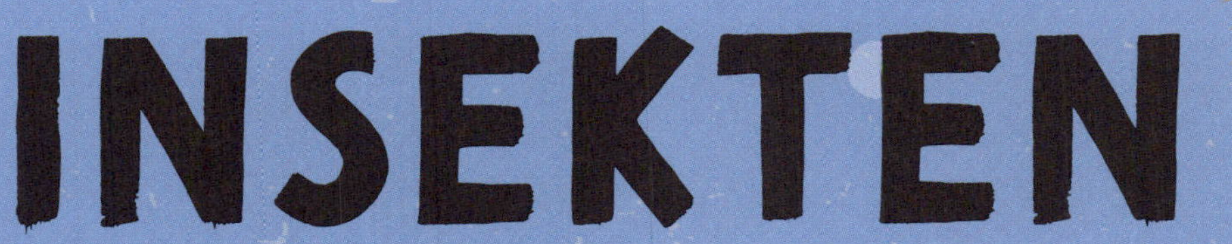

MÜCKENLARVEN

Warum hängen diese kleinen Mückenlarven kopfüber im Wasser? Sie atmen, indem sie Luft in den Schlauch in ihrem Unterleib saugen. Wenn du sie störst, schwimmen sie auf den Grund des Teichs, denn die Luft in diesem Schlauch reicht quasi ewig.

RÜCKEN-SCHWIMMER

Es geht doch nichts über ein gutes Bad! Der Rückenschwimmer ist im Wasser zu Hause. Er genießt jede Welle, und wenn er sich bewegen will, benutzt er seine langen Hinterbeine. Erinnern sie dich an etwas? Sie sehen aus wie zwei Ruder.

LIBELLENLARVEN

Diese Libelle wird gerade erwachsen – wie süß! Doch bevor sie eine richtige Libelle wird, muss sie das Leben einer Larve im Wasser führen. Also schwimmt sie herum, wühlt im Schlamm und verputzt alles, was ihr in den Weg kommt.

TEICHLÄUFER

Ein schlanker, eleganter Körper auf dünnen, langen Beinen – so sieht ein Teichläufer aus. Er schwimmt nicht, sondern läuft mit leichten, zarten Schritten über das Wasser wie ein Tänzer.

WASSERLÄUFER

Der Wasserläufer ist so etwas wie eine Putzkraft für das Wasser. Während er flink über die Wasseroberfläche huscht, frisst er allen Dreck, den er finden kann. Und er ist schnell wie der Blitz.

WASSERSKORPION

Der Wasserskorpion fühlt sich an der Oberfläche am wohlsten, denn dort gibt es immer etwas zu essen. Erst stellt er sich tot wie ein Blatt auf dem Wasser, dann schlägt er plötzlich zu. Mit dem Stachel saugt er Luft ein, die er unter Wasser zum Atmen braucht.

MAULWURFSGRILLE

Normalerweise leben sie unter der Erde und knibbeln seelenruhig an irgendwelchen Wurzeln – was die Gärtner ganz verrückt macht. Aber sie ins Wasser zu werfen, nützt nichts, denn sie sind hervorragende Schwimmer und noch bessere Taucher.

MÜCKENEIER

Psst! Nicht stören! Wen soll ich nicht stören? Na, die Babys in den Mückeneiern natürlich! Sie schwimmen auf dem Wasser wie kleine leichte Boote. Und wenn sie alt genug sind, schlüpfen sie und die Larven bleiben erstmal hier im Wasser.

SCHWIMMKÄFER

Schwimmkäfer haben vor gar nichts Angst, wenn sie, vom Hunger getrieben, tief und immer tiefer nach unten schwimmen. Für ihre Reise auf den Gewässergrund speichern sie etwas Luft unter ihrem harten Deckflügel und können so auch in größter Tiefe noch atmen.

GROSSER BACHLÄUFER

Stolz flaniert der Große Bachläufer auf der Suche nach Essbarem über das Wasser. Manchmal lässt er sich auch unter die Wasseroberfläche gleiten und geht kopfüber.

STABWANZE

Das ist kein schwimmendes Stöckchen – das ist eine Stabwanze! Weil sie so ängstlich ist, tut sie so, als wäre sie ein vertrockneter Grashalm. Da sie kein guter Schwimmer ist, freut sie sich, wenn sie sich endlich an ein paar Wasserpflanzen festhalten kann.

FISCHE UND MEERES-SÄUGER

POTTWAL

Willkommen im Land der Riesen! Mit über 20 Metern Länge ist der Pottwal das größte bezahnte Tier der Erde und ein fantastischer Taucher. Bis zu drei Kilometer tief, sagst du? Kein Problem für diesen Ozean-Champion!

MANDARINFISCH

Nase zuhalten – denn dieser Fisch stinkt wirklich! Mit seinem Geruch hält er Feinde und Fressjäger fern, sehr clever. Aber was für eine Schönheit, oder? Einer der schönsten Fische überhaupt. Interessanterweise hat er keine Schuppen.

TIEFSEE-ANGLERFISCH

Die Zähne des Tiefsee-Anglerfischs haben noch jedem Angst eingejagt. Zum Glück lebt er tief unten in der Düsternis. Wenn er Hunger hat, knipst er die Lampe an, die auf seinem Kopf sitzt, öffnet das Maul und wartet, bis seine Beute hineinschwimmt.

IGELFISCH

Was für ein aufgeblasener Kerl! Mit Wasser gefüllt zeigt uns dieses Stacheltier, wer der Boss ist. Nimm dich vor den Stacheln in Acht, sie können sehr weh tun. Mach dich wieder klein und lass uns schwimmen, ruft sein Kollege und schlägt ungeduldig mit der Schwanzflosse.

FÄCHERFISCH

Der Fächerfisch ist einer der schnellsten Fische der Welt und diese beiden Hübschen schwimmen gerade um die Wette. Seine wunderschöne, breite Rückenflosse benutzt er, um blitzschnell die Richtung zu wechseln. Fächerfische erreichen Geschwindigkeiten bis zu 110 km/h.

KRAKE

Mit acht Armen, auch Tentakel genannt, ist Schwimmen ganz einfach. Aber man wird auch schnell müde. Der Krake hat verschiedene Schwimmstile. Manchmal schwimmt er wie ein Krebs, dann wie eine Flunder, dann wie eine Seeschlange. Und immer sieht es aus, als hätte er es erfunden.

QUALLE

Bildschöne Quallen schweben luftig durch die Meere. Doch Achtung: Hinter ihrer zarten Erscheinung verbergen sich gefährliche Räuber. Berührung auf eigene Gefahr! Der Körper einer Qualle funktioniert wie eine Pumpe. Jedes Mal wenn er sich zusammenzieht, sorgt ein Wasserstoß für Vorwärtstrieb.

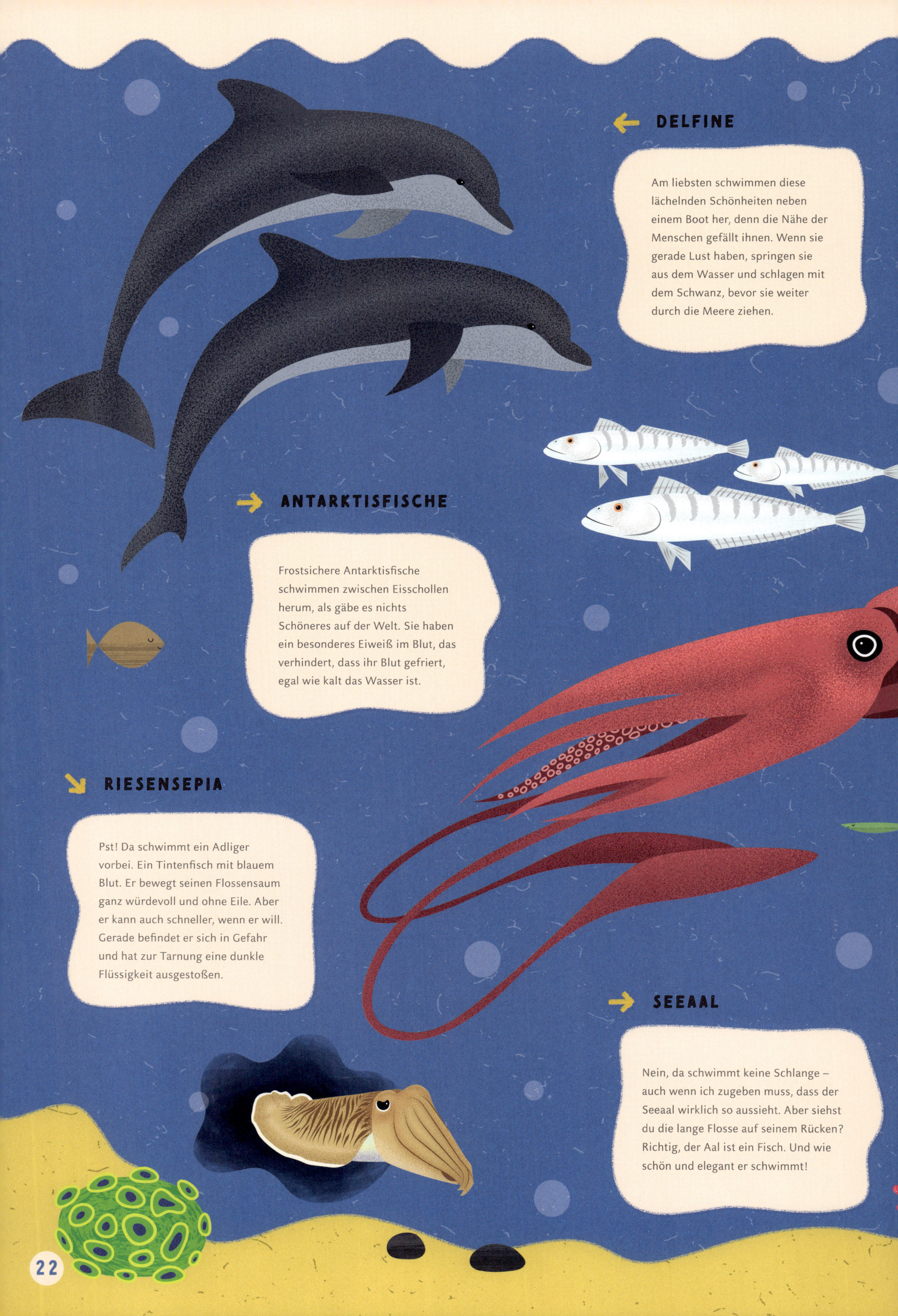

DELFINE

Am liebsten schwimmen diese lächelnden Schönheiten neben einem Boot her, denn die Nähe der Menschen gefällt ihnen. Wenn sie gerade Lust haben, springen sie aus dem Wasser und schlagen mit dem Schwanz, bevor sie weiter durch die Meere ziehen.

ANTARKTISFISCHE

Frostsichere Antarktisfische schwimmen zwischen Eisschollen herum, als gäbe es nichts Schöneres auf der Welt. Sie haben ein besonderes Eiweiß im Blut, das verhindert, dass ihr Blut gefriert, egal wie kalt das Wasser ist.

RIESENSEPIA

Pst! Da schwimmt ein Adliger vorbei. Ein Tintenfisch mit blauem Blut. Er bewegt seinen Flossensaum ganz würdevoll und ohne Eile. Aber er kann auch schneller, wenn er will. Gerade befindet er sich in Gefahr und hat zur Tarnung eine dunkle Flüssigkeit ausgestoßen.

SEEAAL

Nein, da schwimmt keine Schlange – auch wenn ich zugeben muss, dass der Seeaal wirklich so aussieht. Aber siehst du die lange Flosse auf seinem Rücken? Richtig, der Aal ist ein Fisch. Und wie schön und elegant er schwimmt!

WALHAI

Dies ist Herr Walhai. Er ist der größte Hai von allen. Aber er schwimmt nie besonders schnell, also braucht er noch eine Weile bis zu dir. Sein Maul ist so groß, dass sein Lächeln zwei Meter breit ist. Er frisst nur Plankton und kleine Krebse. Er ist einer von den Guten.

RIESENKALMAR

Nur wenige bekommen den Riesenkalmar je zu Gesicht, denn er lebt in großer Tiefe, wo er sich mithilfe von zwei riesigen Membranen fortbewegt. Am Riesenkalmar ist einfach alles riesig. Seine Augen zum Beispiel sind so groß wie Fußbälle. Dadurch kann er in der finsteren Tiefsee sehen.

PLANKTON

Was für eine seltsame Wolke schwimmt da durchs Wasser? Sie sieht ein bisschen aus wie die Milchstraße. Schau noch mal hin. Was siehst du? Mikroskopisch kleine Wesen – Mollusken, Krebse, Fische, Pflanzen, die in den Wellen vor sich hin träumen. Bis sie gegessen werden.

SCHWERTFISCH

Platz da, ich bin der Schwertfisch! Und ich zerteile das Meer mit meinem scharfen Schwert und mache alles nieder, was mir in den Weg kommt. Und dann fresse ich es. Mann, bin ich schnell! Dabei strenge ich mich nicht mal an.

← MONDFISCH

Der Mondfisch ist ein ganz schöner Faulpelz. Aber wer will schon mehr als 1000 Kilo durchs Meer bewegen? Der Mondfisch lässt sich von der Strömung treiben. Wenn er müde wird, legt er sich einfach auf die Seite und bleibt, wo er ist.

↑ BLAUWAL

Was hast du für ein Glück, mit eigenen Augen einen Blauwal zu sehen! Er ist äußerst scheu. Vor Urzeiten lebte er an Land, doch schließlich entschied er sich fürs Meer. So viel Gewicht muss sehr ermüdend gewesen sein. Im Meer muss er nur einmal mit der Schwanzflosse schlagen und schon geht's los. Der Blauwal kann wunderschön singen. Schließ deine Augen und lausche!

PRAYA DUBIA

Ist das eine Meereswäscheleine? Natürlich nicht – es ist eine Riesenstaatsqualle. Ist die aber lang! Mindestens 50 Meter! Da sie nicht schwimmen kann, vertraut sie auf Strömungen in der Tiefe des Ozeans.

DUGONG

Quiek, quiek, grunzt das Seeschwein fröhlich, während es am Seegras knabbert. Doch bald muss dieses 4 Meter lange Tier wieder nach oben, um Luft zu holen. Dann hebt es seinen Kopf aus dem Wasser und nimmt einen tiefen Atemzug.

SEEPFERDCHEN

Das ist harte Arbeit. Steh du mal eine ganze Weile wirklich still! Und so warten die Seepferdchen hinter ein paar Pflanzen auf ihre Beute. Kein Wunder, dass sie so langsame Schwimmer sind. Versuch du mal zu schwimmen, während du steif wie ein Stock im Wasser stehst!

GEFÄHRLICHE SCHWIMMER

SCHWERTWAL

Der Schwertwal oder auch Killerwal hat sehr scharfe Zähne und den Instinkt eines Jägers. In Gedanken an eine leckere Mahlzeit durchpflügt er das Meer, als gäbe es kein Morgen. Und als echter Wal ist er natürlich auch kein kleiner Fratz.

PORTUGIESISCHE GALEERE

Dieses durchsichtige Geschöpf ist kein Einzelwesen, sondern ein Verband von Organismen. Einige kümmern sich um die Nahrungsbeschaffung, andere um die Verdauung. Der Kopf dieser seltsamen Gruppe ist eine luftgefüllte Blase, die an der Wasseroberfläche treibt. Sieht harmlos aus, oder? Doch seine langen, stechenden Tentakel sind hochgiftig.

ROTFEUERFISCH

Der pazifische Rotfeuerfisch schwebt über die Korallen hinweg und prahlt mit seinen federartigen Flossen wie ein Pfau. Doch zugleich bemerken seine scharfen Augen die kleinste Bewegung seiner möglichen Beute. Wenn man ihn ärgert, bekommt man sein Gift zu spüren. Besser, man kommt ihm nicht in die Quere!

PIRANHA

Piranhas stürzen sich mit ihren rasiermesserscharfen Zähnen auf unschuldige Fischlein und nagen ihnen in Sekundenschnelle das Fleisch von den Knochen. Diese Raubfische sind nicht sehr groß, doch umso beeindruckender ist die Kraft ihrer Kiefer.

BARRAKUDA

Dank seines superschlanken Körpers muss der Barrakuda, auch Pfeilhecht genannt, nur einmal mit der Schwanzflosse schlagen und schon schießt er davon. Er hat ständig Hunger und jagt blitzschnell. Wenn dir dein Leben lieb ist, geh ihm besser aus dem Weg!

BLAUPUNKTROCHEN

Auch wenn sich Rochen oft im Sand des Meeresbodens vergraben, lieben sie modisches Aussehen und zeigen es gern. Es lohnt sich zu warten, bis sie mal aus ihrem Versteck herauskommen, denn sie schweben sehr elegant durchs Wasser. Auf der Jagd erstechen sie ihre Beute mit einem giftigen Dorn. Ja, tatsächlich zählen auch Rochen zu den Raubfischen.

WEISSER HAI

Delfine und Robben machen sich rasch aus dem Staub! Ein großer Weißer Hai, einer der schnellsten und gefährlichsten Haie der Welt, liegt im Wasser auf der Lauer. Er wird dich in die Tiefe reißen, bevor du Piep sagen kannst. Jedenfalls wenn du eine Robbe bist. Er ist nämlich ein ganz gefährlicher Zeitgenosse.

BLAURINGKRAKE

»Das Wasser ist schön warm, genau wie ich es mag. Mir wird ja so schnell kalt«, sagt dieser hübsche gepunktete Kerl, während ihn die Wellen sacht auf seinem stolzen Weg vorantragen. Doch wir sollten dem Kraken nicht zu nahe kommen – unter seinem bunten Mantel lauert ein starkes Gift.

REPTILIEN UND AMPHIBIEN

LEISTENKROKODIL

Ich bin ein großer, strammer Typ, die größte Krokodilart, die es gibt, singt das Kroko vor sich hin, während es seinen x-tausendsten Kilometer schwimmt. Es ist ein unermüdlicher Schwimmer und ein guter obendrein. Dabei hilft ihm sein starker langer Schwanz.

KARETTSCHILDKRÖTE

Richtige Schwimmflossen sind ein Traum! Und diese hier sind wie riesige Ruderblätter. Die Karettschildkröte benutzt sie, um damit durch den stürmischen Ozean zu rudern – und dabei strengt sie sich noch nicht mal an. Volle Kraft voraus!

PANTHERCHAMÄLEON

Auch Chamäleons können schwimmen – wenn sie müssen! »Platz da, ich habe keine Lust mehr zu schwimmen und ich bin müde«, ruft das Pantherchamäleon und wechselt vor lauter Ärger die Farbe. Du musst zugeben, dass es ziemlich gut aussieht in seinem neuen Kleid!

GROSSE ANAKONDA
An Land ist sie ziemlich langsam und auch ganz schön faul! Aber im Wasser, da ist sie schnell wie der Blitz und ihr ganzer Körper kringelt sich. Wenn du dich nicht schnell aus dem Staub machst, erwischt sie dich noch!
EUROPÄISCHER LAUBFROSCH
Mach ein paar Züge und streck dich schön lang ... Hey, Kinder, wo schwimmt ihr hin? Diese Kaulquappen sind flink, was? Schnell hinterher, bevor sie verschwunden sind! Und Vorsicht mit den frisch gelaichten Eiern dort. Auch daraus werden eines Tages hübsche, kleine laubgrüne Frösche.
LEDERSCHILDKRÖTE
Nur noch ein paar ruhige, kraftvolle Züge und dann aufhören zu rudern und in die Tiefe gleiten wie ein Stein. Manchmal über 1000 Meter tief. Essenszeit, die Lederschildkröte ist hungrig. Quallen sind ihr Lieblingsessen!

FEUERKRÖTE
Mal hierhin schwimmen und mal dorthin, das macht so viel Spaß! Und wenn man müde wird, lässt man sich einfach nur treiben. Doch Vorsicht! Da nähert sich ein Feind! Zeig deinen feurigen Bauch, kleine Unke, und verscheuch ihn!
AXOLOTL
Im Unterschied zu anderen Salamandern verbringt der Axolotl sein ganzes Leben im Wasser. Er wird nämlich nie erwachsen, sondern bleibt eine Larve, die auf dem Land nicht leben kann. Mit ein paar Schlägen seines Schwanzes gleitet er durchs Wasser. Mit seinen kleinen Beinchen balanciert er sich aus.

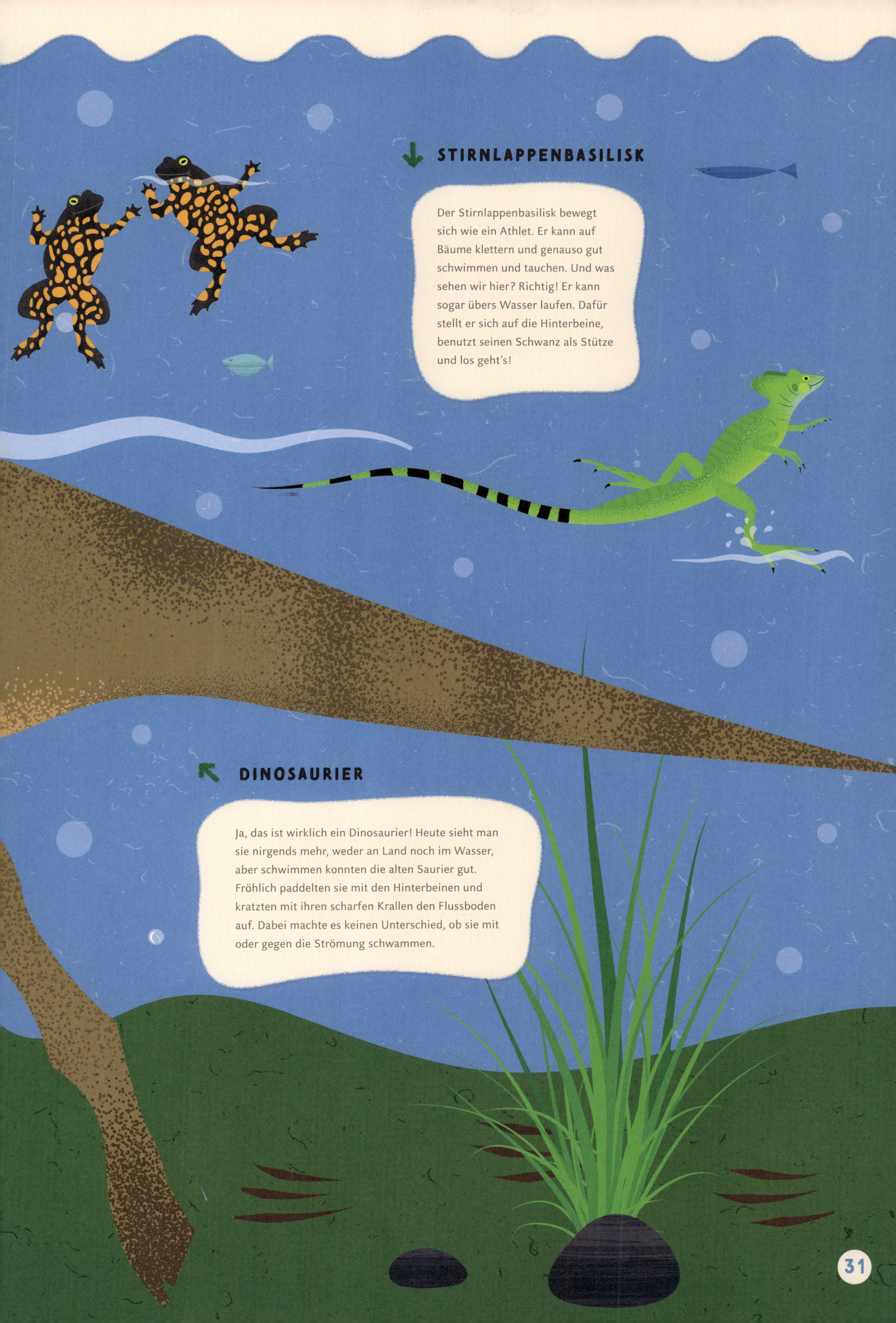
STIRNLAPPENBASILISK
Der Stirnlappenbasilisk bewegt sich wie ein Athlet. Er kann auf Bäume klettern und genauso gut schwimmen und tauchen. Und was sehen wir hier? Richtig! Er kann sogar übers Wasser laufen. Dafür stellt er sich auf die Hinterbeine, benutzt seinen Schwanz als Stütze und los geht's!
DINOSAURIER
Ja, das ist wirklich ein Dinosaurier! Heute sieht man sie nirgends mehr, weder an Land noch im Wasser, aber schwimmen konnten die alten Saurier gut. Fröhlich paddelten sie mit den Hinterbeinen und kratzten mit ihren scharfen Krallen den Flussboden auf. Dabei machte es keinen Unterschied, ob sie mit oder gegen die Strömung schwammen.

SCHWIMMENDE PFLANZEN

SCHWIMMFARN

Schwimmfarne sind sehr begabte Schwimmer. Sie lieben die schaukelnde Bewegung des Wassers und überhaupt ist das Wasser ihr Element. Sie brauchen keine Wurzeln. Eines ihrer Blätter wächst aufgefächert nach unten und übernimmt dort deren Arbeit.

HORNBLATT

Auch das Hornblatt braucht keine Wurzeln. Es schwebt frei im Wasser und genießt es, sich treiben zu lassen. Achtung, da kommt ein Fisch! Aber das Hornblatt hat keine Angst. Seine feinen Härchen verscheuchen alle Tiere, die an ihm knabbern möchten.

WASSERHYAZINTHE

Was ist das für ein blaues Blümchen, das dort auf dem Wasser schaukelt? Alle zwei Wochen entwickelt die Wasserhyazinthe einen neuen Ableger, der sich schon bald von der Mutterpflanze trennt und davontreibt.

WASSERMOHN

Die wunderschönen gelben Blüten des Wassermohns sind wie von Licht erfüllt. Und wie prachtvoll ihr Anblick, wenn sie zwischen ihren dunkelgrünen, herzförmigen Blättern hervorleuchten!
Und wieso kann die Blume schwimmen? Weil ihre Blätter mit Lufttaschen gefüllt sind.

WASSERNUSS

Nein, das ist kein Gras, das ist die Wassernuss! Und eine weitere Wasserpflanze, die keine Kälte mag. Wahrscheinlich fängt sie schon an zu zittern, wenn sie nur an Kälte denkt. Ihre langen Blattstiele reichen bis zum Grund und haben Schwimmkörper. Die Nuss ist die Fruchtkapsel, die als Anker dient.

LOTOSBLUME

Die bildhübschen Blüten des tropischen Lotos schwanken gerne leise im Wind und schauen sich um! Sie werden niemals schmutzig, weil kleine Kristalle in den Blütenblättern jede Verunreinigung fernhalten. Die bunten Lotosblumen wachsen in flachen, trüben Gewässern.

SEEROSEN

Die hübschen großen Blätter der Seerose schwimmen auf dem Wasser und sind wie ein Präsentierteller für die bunten oder weißen Blüten. Seerosen findest du in Gartenteichen oder Seen im Park und in stillen oder nur leicht bewegten Gewässern in der freien Natur.

KLEINER ALGENFARN

Der kleine Algenfarn braucht seine zarten Wurzeln zum Überleben. Sie sind so dünn, damit sie die Bewegungen der Pflanze nicht einschränken. Im Sommer sind Algenfarne wunderschön grün, im Herbst färben sie sich herrlich rot.

SEEKANNE

Die Seekanne liebt das Licht und warmes Wasser und sie hasst den Frost. Das Wasser kann ruhig sein oder bewegt, aber niemals zu kalt. In solcher Umgebung blühen die Seekannen in einem wunderschönen Gelb, das der Sonne entgegenlächelt.

GELBE TEICHROSE

Die gelbe Teichrose wird von langen, im Schlamm vergrabenen Wurzelstöcken im Wasser gehalten. Dabei stört es weder Blätter noch Blüten, so fest verankert zu sein. Sie mögen es, sanft hin und her geschaukelt zu werden. Ihre wunderschönen gelben Blüten singen von der Freude, die das Leben ihnen gibt.

MÄRCHEN-WESEN

GOLDENE FISCHE

Uns zu fangen bedeutet Glück. Wir können jeden Wunsch erfüllen, aber du hast immer nur drei Wünsche frei, niemals einen vierten. Oh nein, ein Fischnetz! Hilfe! Den Menschen ihre Träume zu erfüllen, macht müde.

SEESCHLANGE

Grrrrr! Ich bin die gefürchtete Seeschlange und das größte aller Seeungeheuer! Ein Flügelschlag und riesige Wellen rollen ans Ufer. Ein weiterer Flügelschlag und ein Orkan zieht auf. Also mach mich besser nicht zornig!

WASSERMANN

Hallo! Ich schwebe im Wasser herum und bewache meinen Schatz und habe immer Angst, dass er davontreibt, der ungezogene Kasten! So viel Arbeit, wenn ich ihn wieder einfangen müsste. Oh nein, eine Sandbank! Ich muss schnell los. Ich kann das trockene Land nicht ausstehen.

WASSERFRAU

Ach, ich könnte so viel besser schwimmen, wenn ich die Schwanzflosse einer Meerjungfrau hätte … aber egal, ich hab's eilig! Also verwandle ich mich einfach in einen alten Seewolf!

FROSCHKÖNIG
Ich sitze hier auf diesem Blatt, schwimme über den Teich und warte auf eine Kuss! Glaubst du, mir macht es Spaß, so kalte, glitschige Beine zu haben? Aber weißt du, ich werde nicht immer ein Frosch sein …
MEERJUNGFRAUEN
Wir sind hübsch und wir wissen es! Mit einem Schlag unserer Schwanzflosse gleiten wir durchs Wasser, flink wie ein Fisch. Wir lieben Perlen, Korallen und Edelsteine. Aber mehr noch lieben wir tapfere, waghalsige Seeleute!
NESSIE
Ich habe einen langen Hals und manchmal strecke ich ihn aus dem Wasser, um zu schauen, wie die Welt sich verändert. Aber ich verlasse meine Heimat, den See Loch Ness in Schottland, nie. Oder gibt es mich vielleicht nur in deiner Fantasie? Wer weiß.
KRAKENUNGEHEUER
Ich hasse Schiffe so sehr, dass ich sie alle versenke. Wenn ich gute Laune habe und nur spielen will, mache ich Wasserstrudel. Nur die besten alten Seebären können diese Gaudi überleben, jeder normale Seemann wird ins Verderben gerissen.

WASSERFAHRZEUGE

PIRATENSCHIFF

»Land in Sicht! Insel am Horizont!«, ruft jauchzend ein Pirat. Der Steuermann reißt das Ruder herum und der Zweimaster treibt aufs Festland zu. Aber was ist das? Mann über Bord! Schnell, wirf ihm einen Rettungsring zu!

KANU

Während er sein Kanu mal durch schäumendes Wildwasser, mal durch ruhige Gewässer lenkt, ist dieser tapfere, schwarzhaarige Indianer so still, dass nichts und niemand ihn hört. Pst! Verrate ihn nicht! Er verfolgt eine Spur.

FLOSS

Flöße bestehen aus mehreren zusammengebundenen Baumstämmen. So ein Floß ist genau das Richtige für einsame Schiffbrüchige – solange sie genug zu essen und zu trinken dabeihaben und kein Sturm aufzieht.

HAUSBOOT

Wir leben in einem Haus, das auf dem Wasser schwimmt. Während wir auf den Wellen schaukeln, genießen wir die Sonne und die schöne freie Natur. Ein Hausboot ist das Allergrößte!

WINDSURFEN

Zuerst muss dir jemand zeigen, wie's geht. Aber wenn du den Kniff einmal raushast, kann dich nichts mehr davon abhalten, aufs Brett zu springen, dir das Segel zu schnappen, es gut in den Wind zu stellen und jede Welle zu bezwingen, die dir in den Weg kommt.

WASSERMOTORRAD

Der Motor heult ein paar Mal laut auf, dann jagt der Jetski mit einer Geschwindigkeit über das Wasser, die sich wie Lichtgeschwindigkeit anfühlt. Das Wasser spritzt in alle Richtungen, und wenn du nicht über Bord gehen willst, musst du dich gut festhalten.

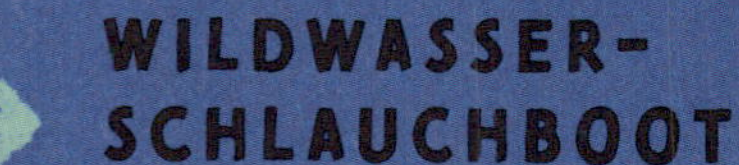

WILDWASSER-SCHLAUCHBOOT

Achtung, Wasserfall kommt! Macht eure Paddel bereit, haltet euch fest – und los geht's!! Wildwasser-Rafting ist toll, um ein bisschen Dampf abzulassen. Lust auf ein bisschen Extremsport im Wasser? Dann willkommen an Bord!

RUDERBOOT

Eins, zwei, drei. Eins, zwei, drei. Die Ruder schlagen, das Wasser plätschert … in fast musikalischem Rhythmus saust ein Ruderboot vorbei. Wie herrlich, so draußen auf dem Wasser zu sein. Eins, zwei, drei. Eins, zwei, drei …

SEGELBOOT

Das Segelboot und sein Seemann gleiten friedlich durchs Wasser und die Segel blähen sich im Wind. Flaut der Wind ab, setzt der alte Seebär Anker mitten auf dem See und geht eine Runde schwimmen, um seine rostigen Glieder zu dehnen.

FISCHERBOOT

Die Netze herunterlassen, ein bisschen warten und dann wieder raufholen. Mein Schiff ist stark genug, um einen großen Fang zu transportieren. Man nennt es Trawler und ich habe viele verschiedene Netze, Schnüre und Haken an Bord. Ja, da unten bewegt sich etwas, große und kleine Fische. Holen wir sie ein!

U-BOOT

Tiefer, tiefer und immer tiefer nach unten. Ein echtes U-Boot kann nichts aufhalten. Es ist dafür gebaut, zwischen Meeresoberfläche und Meeresgrund viele, viele Seemeilen zurückzulegen und die Tiefen der Meere zu erforschen.

MENSCHEN IM WASSER

LUFTSESSEL

Schwimmen ist anstrengend, sagst du? Ich sage das Gegenteil! Ich habe mir einen aufblasbaren Luftsessel gekauft, der das Schwimmen für mich übernimmt. Ich setze mich nur rein und trinke Saft – sogar auf dem Meer, wenn ich Lust habe.

SCHWIMMNUDELN

Schwimmnudeln aus Schaumstoff gibt es in vielen verschiedenen Farben. Sie machen mega Spaß und sind richtig nützlich! Man kann damit spielen, schwimmen lernen, Gymnastik machen, auf dem Wasser treiben oder sie durch die Luft flippen lassen.

SCHWIMMEN LERNEN

Du willst schwimmen lernen? Dann ist dieses Schwimmbrett genau das Richtige für dich! Es hält dich über Wasser und du musst dir keine Sorgen machen. Mit einem Schwimmbrett fühlt sich Schwimmen an wie Schweben.

KLEINKIND

Ich kann noch gar nicht richtig laufen, aber ich kann schwimmen wie ein Fisch, solange ich diesen aufblasbaren Schwimmring um den Bauch habe. Damit über die Wellen zu schweben, macht so einen Spaß! Mit diesem Ring habe ich keine Angst mehr vor Wasser.

AUF DEM WASSER SCHWEBEN

Ich muss nur meinen Körper richtig nach oben wölben und schon kann ich schweben wie eine Eins, wenn ich auf dem Rücken im Wasser liege. Das funktioniert sogar mit einem Buch in der Hand und besonders gut im Toten Meer.

BRUSTSCHWIMMEN

Ich will nicht, dass meine Haare nass werden, denkt eine Dame, während sie gemütlich ans Ufer schwimmt. Ihre Arme zeichnen ein Herz nach und ihre Beine bewegen sich wie die von einem Frosch. Kennst du diesen Schwimmstil? Er heißt Brustschwimmen.

ZORBING

Normale Sachen machen mir keinen Spaß und ich hasse es, wenn mir langweilig ist. Aber Zorbing, also in einem riesigen Ball übers Wasser rollen, ist großartig! Achtung, aus dem Weg, ich rolle genau auf dich zu!

SCHMETTERLING

Für den Schmetterling brauchst du Muskeln und ganz viel Training! Wenn du beides hast, schwimmst du schneller als alle anderen. Mit der Bewegung deiner Arme und Beine machst du richtige Wellen! Wie schnell war ich? Habe ich den Rekord gebrochen?

KRAULEN

Ich schieße durchs Wasser wie ein Pfeil. Schnell und glatt und ohne Zwischenhalte. Atme ein, während du den Arm weit nach vorne streckst, atme unter Wasser aus – und dann zur anderen Seite und immer so weiter, bis zum Ende der Bahn und zurück.

RÜCKENSCHWIMMEN

Halte dein Kinn auf der Brust und deinen ganzen Körper unter Spannung und mach dich bereit für eine kräftige Armarbeit. Los geht's, eins, zwei, eins, zwei – jetzt fliegst du! Und mit den Füßen immer treten, auf und ab. Rückenschwimmen ist schnell.

MONOFLOSSE

Ich wollte wissen, wie es sich anfühlt, wenn man schwimmt wie ein Fisch. Also habe ich eine Monoflosse ausprobiert. Ich musste nur einmal mit dem Schwanz schlagen und schon hatte ich mich in einen Delfin verwandelt.

SCHWIMMFLÜGEL
Mit Schwimmflügeln können wir durchs Wasser schweben, ohne Angst zu haben, dass wir untergehen. Aufblasbare Schwimmflüge sind toll für alle Kinder, die noch keine so guten Schwimmer sind.
NICHTSCHWIMMER
Wenn du noch nicht schwimmen kannst, dann probier Hundepaddeln im Flachen: Scharre mit den Händen und tritt mit den Füßen! Dann bist du für deine erste Schwimmstunde gut vorbereitet!
SCHNORCHELN
Dank meiner Taucherbrille mit Schnorchel und Mundstück sind bunte Korallen und leuchtende Fische ein Fest für meine Augen! Obwohl mein Kopf unter Wasser ist, kann ich mit dem Schnorchel atmen. Oh, schau mal, diese wunderschöne Qualle!

← LUFTMATRATZE

Ich leg mich ein bisschen in die Sonne und bin schon bald schön braun. Warum sollte ich dabei nass werden? Ich liege einfach auf meiner Luftmatratze, treibe im Wasser dahin und schaukle sanft, bis ich fast einschlafe.

↗ SCHWIMMKROKODIL

»Hey, schau mal, wir haben ein Krokodil gezähmt!«, jubeln die Kinder, während sie auf seinem Rücken über die Wellen hüpfen und ihnen Wasser ins Gesicht spritzt. Aber Vorsicht vor scharfen Gegenständen! Piekst etwas hinein, geht diesem zahmen Kroko rasch die Luft aus.

↓ TREIBEN LASSEN

Nichts ist wunderbarer, als flach im Wasser zu liegen, Arme und Beine lang auszustrecken und sich treiben zu lassen. Sich treiben lassen ist die Grundlage für alle Schwimmschläge. Es ist gut, wenn du das übst.

← TAUCHEN

»Ich bin ein großer Bewunderer der Unterwasserwelt«, sagt der Taucher zu sich selbst, während er in eng anliegendem Neoprenanzug und mit einer Sauerstoffflasche auf dem Rücken langsam in die Tiefe schwebt. Tiefer und immer tiefer …

REGISTER

ALLES, WAS SCHWIMMT

IM UND AUF UND UNTER DEM WASSER

Lizenzausgabe mit freundlicher Genehmigung

member of the Albatros Media Group
Author: Štěpánka Sekaninová
Illustrator: Tomáš Pernický
www.albatrosmedia.eu

Penguin Random House Verlagsgruppe FSC® N001967

Die Deutsche Nationalbibliothek verzeichnet diese Publikation in der Deutschen Nationalbibliografie; detaillierte bibliografische Daten sind im Internet unter http://dnb.d-nb.de abrufbar.

Umschlagmotive: Tomáš Pernický
Umschlaggestaltung: dyagesign,
www.dya.de nach dem Entwurf der Originalausgabe
Satz: Hedwig Mühlbauer
Druck und Bindung: PBtisk, a.s., Pribram
Printed in Czech Republic 2021
ISBN 978-3-7306-0955-2
www.anacondaverlag.de